Susanne Bohne / Hallo liebe Wolke

Lerngeschichten mit Wilma Wochenwurm
Teil 3 - Frühling

Spaß am Lernen für Kinder in Kita, Vorschule und Grundschule

Bibliografische Information der Deutschen Nationalbibliothek:
Die Deutsche Nationalbibliothek verzeichnet diese Publikation in der Deutschen
Nationalbibliografie; detaillierte bibliografische Daten sind im Internet über dnb.dnb.de
abrufbar.

Herstellung und Verlag:
BoD – Books on Demand, Norderstedt

ISBN: 9783748139010

Dieses Buch gehört

Inhalt

Siehst du, wer da gerade durch die herrliche und frisch duftende Frühlingswiese krabbelt?

Ja, genau! Es ist Wilma Wochenwurm. Vielleicht kennst du sie ja schon? Wilma ist ein ziemlich schlauer und kunterbunter Wurm, der immer spannende Abenteuer erlebt.

Sie mag alle Jahreszeiten gern, aber nach dem langen Winter freut sie sich sehr, dass die ersten Blumen wieder sprießen und die Sonne schon etwas wärmer scheint. Alles wird wieder grün und endlich kann Wilma draußen spielen, ohne sich dick und warm anziehen zu müssen.

Wilma hat viele Freunde auf der Wiese, auf der sie lebt. Und im Januar traf sie ihre Freundin, die kleine Prinzessin Blaublüte. Möchtest du wissen, was im Januar passierte? Wilma erzählt es dir gern!

Frühblüher

Prinzessin Blaublüte hörte etwas

„Lalala. Tirililili. Schubidubidu!"
Hör mal, wer da so schön sang!
Es war Prinzessin Blaublüte. Und sie ist eine sehr kleine Prinzessin. Sie lebt gar nicht weit von dir entfernt auf der Wiese hinter dem großen, gelben Haus am Ende der Straße. Prinzessin Blaublüte hat ein winzig kleines Schloss, es ist so klein, dass man es nur sehen kann, wenn man ganz genau hinschaut. Im Sommer liegt es versteckt hinter drei Sonnenblumen.

Aber jetzt war noch Winter und da war das Schloss meist ganz eingeschneit. Wie ein Iglu sah es aus. Manchmal stiegen Rauchwölkchen aus dem Schornstein, wenn sich Prinzessin Blaublüte einen Hagebuttentee kochte. Oder einen Sauerampfereintopf zubereitete. Vielleicht entdeckst du ihr Schloss ja eines Tages, wenn du ganz genau hinschaust, wirst du es bestimmt finden!

An diesem Tag im Januar war die kleine Prinzessin Blaublüte mächtig früh aufgestanden. Es war noch ganz dunkel, denn im Winter geht die Sonne erst spät auf. Und früh wieder unter. Aber Prinzessin Blaublüte fand, dass es am Abend schon ein klitzekleines Bisschen später dunkel wurde als im Dezember. Und heute, an einem Januarmorgen, sang Prinzessin

Blaublüte als die Sonne aufging.
„Lalalala!", sang sie mit ihrer wunderschönen Prinzessinnenstimme und schaute sich den Sonnenaufgang dabei an.

Dann gähnte sie leise am geöffneten Schlossfenster, weil es ja noch so früh am Morgen war und alle anderen auf der Wiese noch schliefen. Oder sowieso den ganzen Winter verschliefen wie ihre Freundin Isi Igel.

Und als Prinzessin Blaublüte beschloss, nun erst mal ordentlich zu frühstücken, hörte sie plötzlich ein leises Klingeln. Es hörte sich an wie ein Glöckchen. Sie lehnte sich weit aus dem Fenster, um zu sehen, woher das Läuten kam, aber sie konnte nichts und niemanden entdecken.

Prinzessin Blaublüte ist nicht nur eine sehr kleine, sondern auch eine sehr neugierige Prinzessin. Und deswegen schnappte sie sich schnell ihren Blütenmantel und die dicken Stiefel und stapfte hinaus in den Schnee.

„Tirilliiii!", hörte sie vom Baum nebenan ihre Freundin Rotkehlchen singen.
„Guten Morgen, Rotkehlchen!", rief Prinzessin Blaublüte ihr zu. „Hörst du auch das Klingeln?"

Rotkehlchen verstummte und lauschte in den Januarmorgen. Ja! Sie konnte es auch hören! „Guten Morgen, meine liebe Blaublüte!", sagte Rotkehlchen und kicherte ein bisschen. „Ich weiß, woher das Klingeln kommt. Soll ich es dir zeigen?"

Und, schwuppdiwupp, flog Rotkehlchen mit Blaublüte auf den höchsten Ast des Baumes, um es ihr zu zeigen.
„Auch, wenn wir denken, im Winter schläft die ganze Welt; das ist aber gar nicht so!", erklärte Rotkehlchen. „Viele Tiere sind wach. Und auch die Blumen erwachen wieder aus ihrem Winterschlaf. Ist das nicht schön?"
„Oh ja, sehr schön!", antwortete Prinzessin Blaublüte. „Aber wer klingelt denn nun mit einem kleinen Glöckchen? Ist es vielleicht ein kleiner Schneehase?"

Rotkehlchen schmunzelte: „Nein. Es ist eine Blume! Ein Schneeglöckchen. Das streckt seine kleinen Blüten in die Wintersonne. Und weißt du was? Es läutet nach dem Frühling. Ein bisschen dauert es noch, aber ein Schneeglöckchen ist der erste Bote, dass die Winterzeit bald vorbei ist."

Prinzessin Blaublüte war ganz entzückt von dem leisen Läuten des Schneeglöckchens. Und sie wünschte sich so sehr den Frühling herbei.

Und mitten in das Schneeglöckchenläuten gesellte sich noch ein anderes Geräusch. Das klang eher wie ein Husten. Ob sich jemand erkältet hatte?

Rotkehlchen kicherte wieder: „Ach, Blaublüte, hast du das auch noch nie gehört? Das sind die Füchse! Sie feiern im Januar Hochzeit!"

Jetzt musste auch Prinzessin Blaublüte lachen. „Naja,", sagte sie „es kann eben nicht jeder so schön singen wie du, mein liebes Rotkehlchen!"

Zum Abschied umarmten sich die Freundinnen und Prinzessin Blaublüte lud Rotkehlchen zu einem gemütlichen Teenachmittag ein. Jetzt musste die kleine Prinzessin aber erst noch ein bisschen lauschen. Denn vielleicht hörte sie noch mehr – und in der Natur gibt es unheimlich viel zu entdecken, sogar im Winter. Und bestimmt entdeckst auch du eines Tages Prinzessin Blaublütes Schloss am Ende der Straße. Auf der großen Wiese. Hinter dem großen, gelben Haus.

Was machst du gern im Januar?

Einen Schneemann bauen? Schneeglöckchen suchen?

Male hier über beide Seiten ein richtig tolles, großes Januarbild!

Das sind Blumen, die schon im frühen Frühjahr blühen.
Deswegen nennt man sie „Frühblüher". Male sie alle bunt aus!
Welche Blumen kannst du schon bei ihrem Namen nennen?

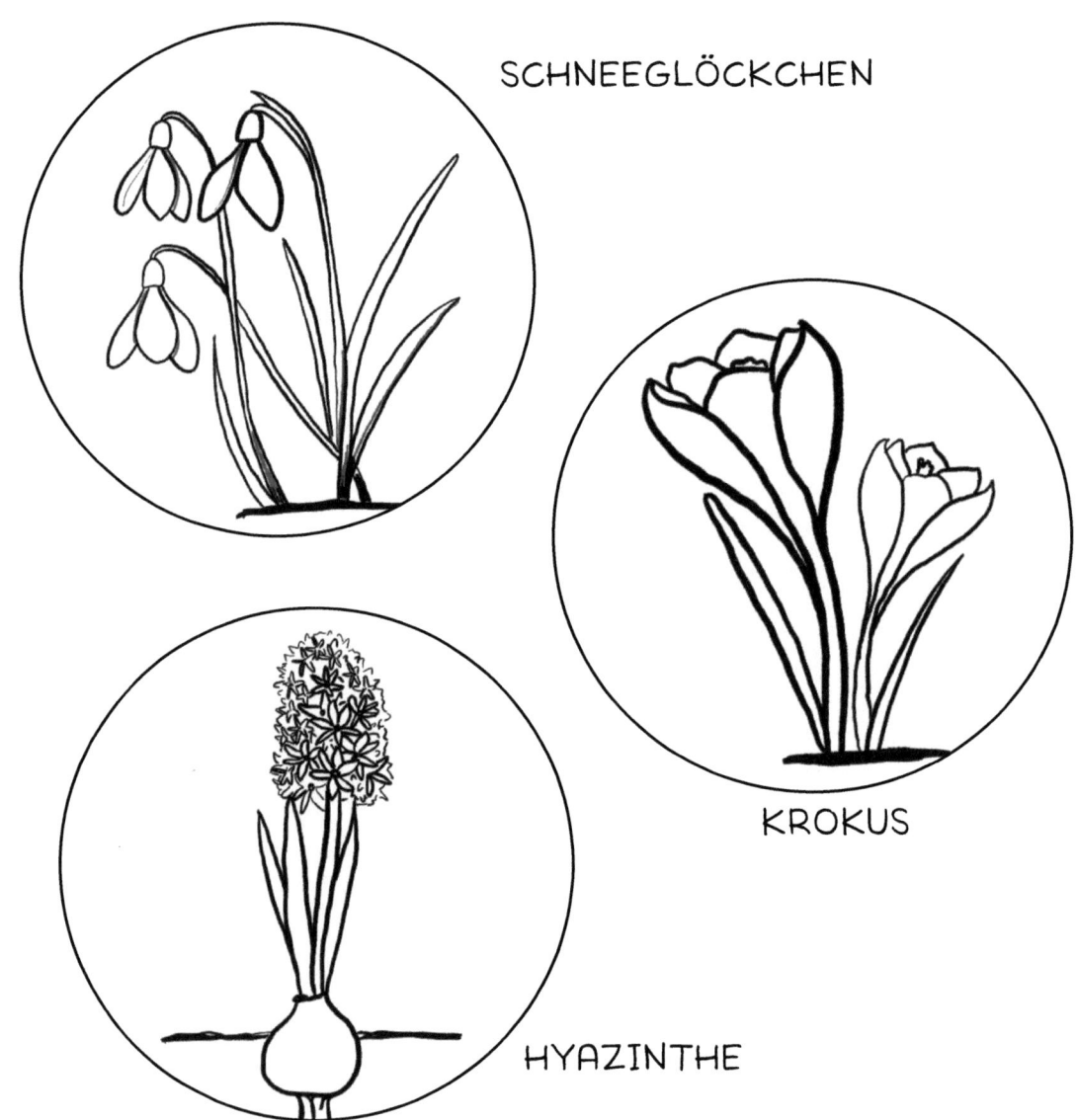

SCHNEEGLÖCKCHEN

KROKUS

HYAZINTHE

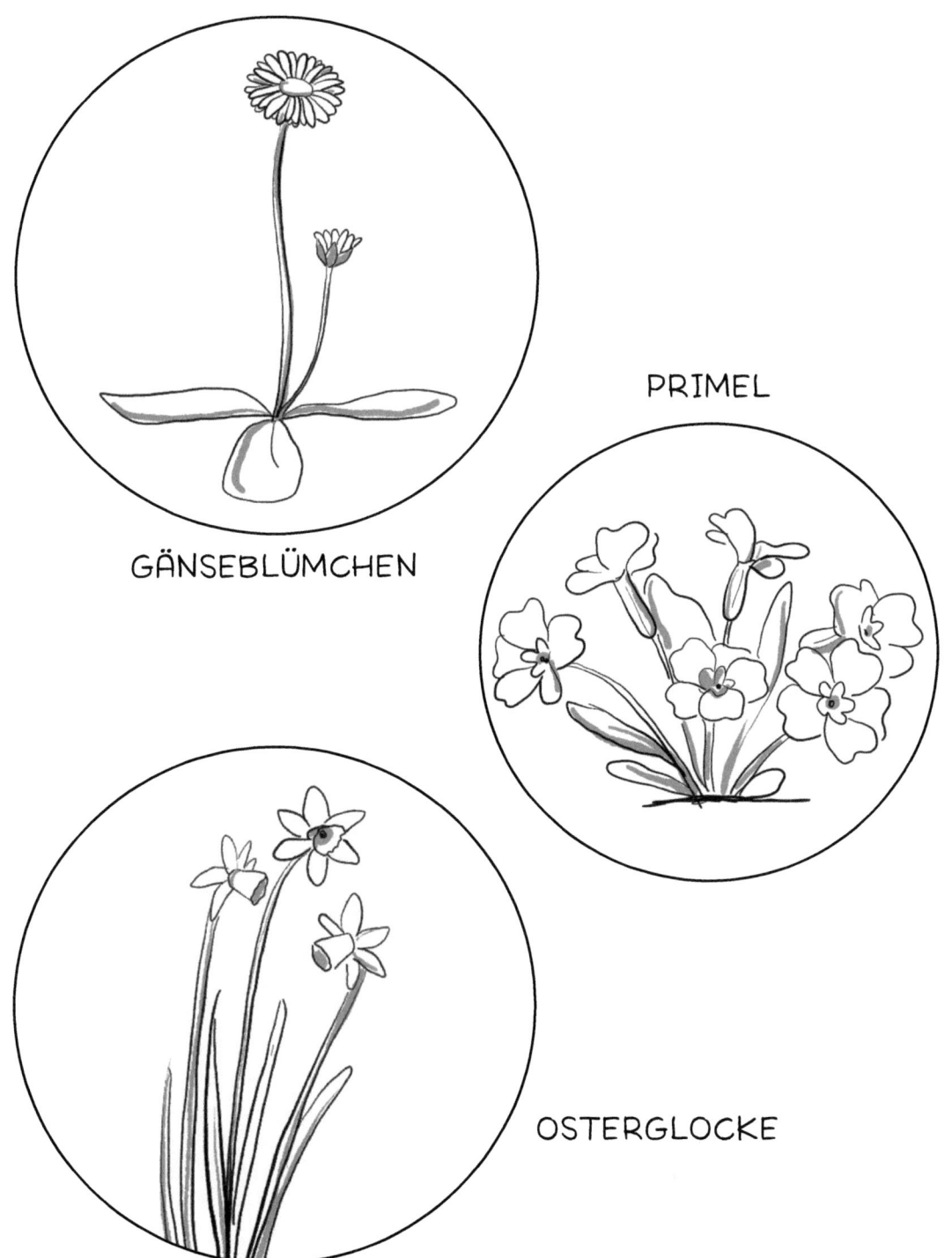

PRIMEL

GÄNSEBLÜMCHEN

OSTERGLOCKE

13

„Hallo! Huhu! Hier oben bin ich!", ruft Wilma Wochenwurm. „Siehst du mich? Meine Freundin Berta Kuh trägt mich gerade über die große Weide am Bauernhof. Das ist vielleicht spannend hier! Ich habe schon eine Menge gelernt und viele Dinge erlebt. Möchtest du mich begleiten? Ich zeige dir alles, wenn du möchtest. So ein Tag auf dem Bauernhof ist wirklich ziemlich toll. Du wirst sehen!"

Woher kommt die Milch?

Wilma Wochenwurm auf dem Bauernhof

Wilma packte eines Tages ihre kleine Wurmtasche und machte sich auf den Weg zu Berta. Berta war eine riesengroße Milchkuh. Wilma hatte sie neulich kennengelernt, als Berta den lieben langen Tag auf einer großen Wiese stand und nichts anderes tat, als Gras zu fressen und ganz, ganz, ganz lange zu kauen.
Das hatte Wilma sehr beeindruckt, denn sie konnte gar nicht glauben, wie lange man auf einem Büschel Wiesengrad herumkauen konnte. Berta konnte das.

„Haaaallloooo!", rief Wilma laut der Kuh Berta zu, denn sie war für den kleinen Wochenwurm ungefähr so groß wie ein Hochhaus.
„Hui!", sagte Berta und mampfte. „Du bist aber klein!"
„Stimmt! Ich bin ja auch ein Wurm. Und ich heiße Wilma. Was machst du hier auf der Wiese?", hatte Wilma gefragt.

Und dann erzählte Berta, dass sie auf dem Bauernhof, zusammen mit vielen anderen Kühen, wohnte, und dass sie es dort sehr gut hätte, weil sie jeden Tag über die Wiese spazieren durfte und viele gute Kräuter fraß. Andere Kühe auf anderen Bauernhöfen hatten es nicht so gut wie Berta, erzählte sie, weil sie den ganzen Tag in einem engen Stall stehen müssten. Berta aber hatte Glück mit ihrem Bauern und dem Bauernhof.

„Möchtest du mich mal besuchen?", fragte Berta. „Dann zeige ich dir alles!"
Wilma wollte gern und deswegen packte sie ihre Wurmtasche, um ein paar Tage auf Bertas Bauernhof zu verbringen.

Als Wilma ankam, staunte sie nicht schlecht. Der Bauernhof war riesig groß und überall liefen Tiere herum: Hühner, die laut gackerten, Gänse, die schnatterten, wollig-weiße Schafe, die blökten, rosafarbene Schweine, die im Matsch lagen und vor Vergnügen quiekten. Und dann sah Wilma Berta auf der Weide stehen.

„Haaallloooo, Berta! Hier bin ich!", rief Wilma schon von Weitem. Und Berta freute sich sehr, Wilma wiederzusehen.
„Na, dann kann es ja losgehen!", sagte Berta und ließ Wilma auf ihr großes Horn krabbeln, damit sie von dort oben alles bestaunen konnte.
Wilma und Berta trabten über die große Weide und Berta zeigte ihr, welche Wiesenkräuter besonders saftig waren.
„Das gibt guuuute Milch!", muhte Berta.
„Milch? Aber die kommt doch aus der

Tüte. Oder aus einer Flasche, die man im Laden kaufen kann!", sagte Wilma. „Am liebsten trinke ich Kakao. Den macht man ja auch aus Milch und Schokopulver."

Berta musste laut lachen.
„Das stimmt. Kakao macht man aus Milch. Aber weißt du denn nicht, woher die Milch wirklich kommt?"

16

„Nein. Woher denn?", fragte Wilma.
„Na, dann steig mal ab. Ich zeig es dir!", antwortete Berta.
Wilma kletterte von Bertas Kuhhorn auf die Wiese.

„Und jetzt?", fragte Wilma.
„Krabbel mal unter mich!", sagte Berta.

Und plötzlich sah Wilma Wochenwurm ein großes, rosafarbenes Etwas mit vier Dingern, die aussahen wie sehr große Strohhalme.
„Was ist das?", fragte Wilma.
„Das ist mein Euter!", antwortete Berta.
„Aus meinem Euter kommt die Milch, die du im Laden kaufen kannst. Wenn wir ein Baby haben, ein Kälbchen, dann trinkt es seine Milch aus dem Euter."
„Ehrlich?", Wilma war sehr erstaunt.
„Ja, das stimmt wirklich!", sagte Berta.
„Wir Kühe werden jeden Abend und jeden Morgen gemolken. Das heißt, dass unsere Milch, die wir im Euter sammeln, aus den Zitzen, das sind die vier „Strohhalme", wie du sie genannt hast, herausgedrückt wird."
„Tut das weh?", fragte Wilma etwas erschrocken.
„Nein, überhaupt nicht!", sagte Berta.
„Komm mit, ich zeige dir, wie das funktioniert!"

Berta und Wilma liefen in den Stall, denn es war schon Abend geworden. Dort warteten alle anderen Kühe bereits darauf, gemolken zu werden.

„Früher hat der Bauer das selbst gemacht und uns mit seinen Händen gemolken. Heute macht das die Melkmaschine. Siehst du?", erklärte Berta.
Der Bauer stülpte vier große Dinger, die wie Becher aussahen über Bertas Zitzen und dann ging es auch schon los. Bertas Milch wurde in einen großen Bottich abgepumpt und Wilma staunte sehr, wie viel Milch in Bertas Euter war. Es war eine Menge!
„Aus meiner Milch kann man nicht nur Kakao machen. Käse und Butter werden zum Beispiel auch aus Milch gemacht. Wusstest du das?", fragte Berta.

„Nein. Das wusste ich noch nicht. Aber jetzt!", lachte Wilma und war ganz schön verblüfft. Sie war Berta sehr dankbar, dass sie ihr gezeigt hat, woher die Milch wirklich kommt. Und Bertas Milch schmeckte ganz fantastisch.
Danach verbrachte Wilma noch ein paar Tage mit Berta auf ihrem Bauernhof und versprach, sie ganz bald wieder zu besuchen. Denn auf einem Bauernhof kann man eine Menge Dinge lernen!

Weißt du, was man alles aus Milch machen kann?
Male aus!

KÄSE

BUTTER

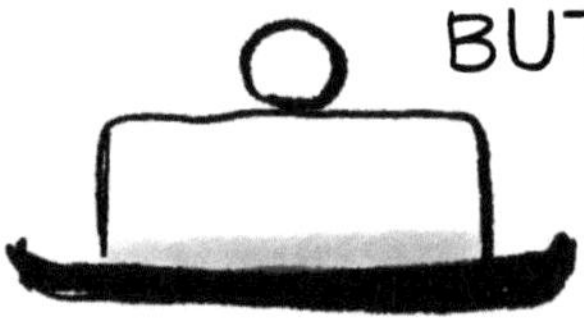

SAHNE

JOGHURT

EIS

Male die Kuh in vielen bunten Farben aus!
Bekommt sie Streifen oder Flecken oder
vielleicht Punkte?
Auf die Wiese kannst du viele Blumen zeichnen.

Ostern

Kaninchen Karl und das bunte Ei

Ja, was macht denn die klitzekleine Prinzessin Blaublüte da auf der Wiese, mitten zwischen den Osterglocken, die ihre gelben Blütenköpfe ganz neugierig in den blauen Himmel recken?

Blaublüte läuft zwischen den Blumen herum und schaut hinter jeden Grashalm. Bald ist nämlich Ostern und die kleine Prinzessin möchte so schrecklich gern ein buntes Ei fnden. Aber bisher hat sie noch keins entdeckt. Das ist ja auch kein Wunder, denn es ist noch gar nicht Ostern. Und nur an Ostern kann man bunte Eier fnden, die der Osterhase immer sehr gut versteckt hat.

Prinzessin Blaublüte überlegt.
Wieso feiert man eigentlich Ostern?
Und warum kommt der Osterhase?

Prinzessin Blaublüte weiß, wen sie danach fragen kann und wer bestimmt eine Antwort für sie hat: Kaninchen Karl.

Gut, er ist kein Hase, sondern ein Kaninchen und die sind ein bisschen kleiner als Hasen, bestimmt auch kleiner als der Osterhase, aber das macht ja nichts. Kaninchen Karl weiß bestimmt über Ostern Bescheid. Und so macht sich Prinzessin

Blaublüte auf den Weg zu Kaninchen Karl, der in einem Kaninchenbau, zusammen mit seiner großen Familie, lebt.
Karl sitzt gerade auf der grünen Wiese vor seinem Zuhause und sucht nach frischen Blättern, die er mümmeln kann.

„Hallo Blaublüte! Oh, das ist aber schön, dass du mich besuchen kommst!", sagt Karl und begrüßt Blaublüte schon von Weitem.

„Hallo Karl! Ich habe eine wichtige Frage!", ruft die kleine Prinzessin ihm zu.
Und dann erzählt sie Karl von ihren Fragen zum Osterfest.

„Ach, das ist ganz einfach!", sagt Karl und ist an Ostern immer ein bisschen besonders stolz darauf, ein Kaninchen zu sein. „Schau mal", erklärt Karl „unsere Familie ist riiiesengroß. Kaninchen und Hasen bekommen eine Menge Kinder. Hasen sind ein Symbol, also ein Zeichen, für das Leben Und an Ostern feiert man die Auferstehung von Jesus Christus. Das ist der, der am Heilig Abend Geburtstag hat und man deswegen Weihnachten feiert. Und Jesus ist ja der Sohn vom lieben Gott und er ist am Karfreitag gestorben. Das ist schon lange, lange her. Aber am

Ostersonntag ist Jesus von den Toten wieder auferstanden und wurde von Gott in den Himmel geholt. Und weil der Hase ein Symbol für das Leben ist, weil wir so viele Kinder bekommen, hat das ganz gut zur Wiedergeburt von Jesus gepasst. Seit langer Zeit gehört der Osterhase also zum Osterfest dazu, obwohl es ja eigentlich um Jesus geht."

Ganz gespannt hört Prinzessin Blaublüte zu. Und was ist mit den Eiern? Hasen legen doch gar keine Eier! Kaninchen Karl muss lachen.

„Nein, das stimmt!", sagt Karl. „Hasen und Kaninchen sind Säugetiere und legen keine Eier. Aber auch ein Ei ist fast überall ein Symbol für das Leben. Man sieht ihm erst gar nicht so richtig an, dass darin zum Beispiel ein kleines Küken heranwächst. Aber im Frühling schlüpfen eine Menge Küken aus ihren Eiern. Das hast du doch bestimmt schon mal gesehen, oder?"

Und das hatte Prinzessin Blaublüte ja tatsächlich schon mal.

„Siehst du!", sagt Karl. „Im Frühling erwacht ganz viel neues Leben – und die Natur wieder aus ihrem Winterschlaf.

Das ist nicht nur bei den Tieren so, sondern auch bei den Pfanzen. Und ganz früher hat man Eier gekocht und sie gefärbt, damit man sie von den nicht gekochten Eiern unterscheiden konnte. So ist das Ostereierfärben entstanden."

Jetzt weiß Prinzessin Blaublüte ein bisschen mehr über Ostern. Sie bedankt sich bei Karl Kaninchen und will auf dem Nachhauseweg unbedingt noch einmal schauen, ob sie nicht doch irgendwo schon ein buntes Ei fndet. Man weiß ja nie.

Und als sie schon fast an ihrem klitzekleinen Schloß am Ende der Straße angekommen ist, sieht sie etwas glattes, braunes im hohen Gras. Mitten zwischen den Osterglocken. Das war aber vorhin noch nicht hier, denkt sich Prinzessin Blaublüte.

Und wahrhaftig, es ist wirklich ein Ei!

Aber es ist gar nicht bunt. Das fndet Blaublüte aber gar nicht schlimm, denn schließlich dauert es noch ein paar Tage bis zum Osterfest. Da hört sie auch schon Henne Hilde, die ihr Ei einfach so ins Gras gelegt hat. Hilde gackert Blaublüte zu: „Ach, ich war so in Eile! Danke, dass du auf mein Ei aufgepasst hast. Jetzt muss ich aber schnell wieder ans Brüten!"

Und die kleine Prinzessin Blaublüte?
Die kann nicht anders und umarmt das warme Hühnerei, aus dem bald ein fauschiges, gelbes Küken schlüpfen wird. Obwohl man es dem Ei noch gar nicht ansieht. Dann setzt sich Henne Hilde wieder vorsichtig auf ihr Ei und Prinzessin Blaublüte staunt über das viele Leben, dass im Frühling erwacht. Und am Ostersonntag, da wird sie die Erste sein, die ganz früh am Morgen nach bunten Eiern suchen wird.

Und vielleicht entdeckt sie ja sogar den
Osterhasen!

Male alles ganz bunt aus!

Welche Ostereier sehen genau gleich aus? Verbinde & male aus!

Basteln mit Eierschalen

Wusstest du, dass du aus Eierschalen viele tolle Dinge basteln kannst, die wunderschön aussehen?

Ein Tipp:
- Aus einer Hälfte der Eierschale kannst du ein kleines Boot basteln, das sogar auf Wasser schwimmt! Klebe einen Zahnstocher in das Innere und verziere ihn mit einem Segel. Dann hast du ein richtig tolles Eier-Segelboot!

Von der Raupe zum...

Lukas hat Hunger

Schmetterling!

Lukas, die kleine, dicke Raupe ist einfach immer hungrig. Schon nachdem er vor einer Weile aus seinem Ei geschlüpft war, war, hatte er einen Bärenhunger.

Eines Tages im Frühling, wurmte Wilma Wochenwurm auf der grünen Wiese umher und hielt Ausschau nach einem neuen Abenteuer. Und plötzlich hörte sie ein lautes Schmatzen. Was konnte das denn sein? Eine Kuh vielleicht? Ein Schaf?

Sie schaute sich um, aber sehen konnte sie niemanden. Nur das laute Schmatzen war zu hören.

„Njam, njam, njam, njam. Ist das aber lecker!", schmatze jemand auf dem Busch neben Wilma.

Hätte Lukas nicht sein gelbes Halstuch getragen, hätte Wilma ihn vermutlich nie entdeckt. Denn Lukas war grün. Genau so grün wie die Blätter. Er konnte sich sehr gut zwischen den Blättern verstecken.

„Hallo!", rief Wilma. „Wieso schmatzt du denn so?"

„Entschuldige!", mampfte Lukas. „Ich weiß ja, dass man beim Essen nicht schmatzen soll, aber es schmeckt mir doch immer so gut!"

Wilma beobachtete, wie viel Blätter Lukas wegputzte. Das ging rasend schnell,

Schwupp, hatte er schon das nächste Blatt vertilgt.

„Du hast aber Hunger!", staunte Wilma.

„Ja, das stimmt!", antwortete Lukas. „Ich habe heute auch noch etwas ganz Besonderes vor!"

„Ehrlich? Was denn?", fragte Wilma.

„Ich werde...mampf...mampf...mich bald verwandeln!", antwortete Lukas.

„Verwandeln? Bist du etwa verzaubert?", wunderte sich Wilma.

„Ein bisschen schon!", kicherte Lukas. „Manche Raupen können sich in etwas Wunderschönes verwandeln. Das errätst du nie!"

Jetzt war Wilma sehr neugierig geworden und wollte unbedingt wissen, in was sich Lukas verwandeln würde.

„Warte ab! Ich zeige es dir. Aber du musst ein bisschen Geduld haben.", sagte Lukas, als er das letzte Blatt aufgefressen hatte. Und dann begann er, sich ein festes, kleines Haus zu bauen. Wilma war sehr erstaunt. Kurz bevor Lukas den Deckel schloß und sich verpuppte, sagte er: „Bis in ein paar Tagen, Wilma. Ich schlafe eine Runde. Und wenn ich aufwache, wirst du mich fast nicht wiedererkennen. Wetten?"

Wilma konnte es nicht erwarten, bis Lukas wieder aus seinem kleinen Haus kam. Was er dann wohl sein würde?
Sie wartete sehr geduldig. Und nach einer Weile bewegte sich Lukas Häuschen.

Dann machte es „Knack" und die Hülle brach ein bisschen auf. Irgendjemand gähnte und streckte lange Fühler an die Luft. Und dann erkannte Wilma ein gelbes Halstuch. Klar, das musste doch die Raupe Lukas sein!

Lukas, war aber keine Raupe mehr. Er öffnete große, bunte Flügel und flatterte ganz leicht mit ihnen hin und her.
Wilma staunte nicht schlecht! Sie konnte gar nicht glauben, dass sich eine kleine, dicke, grüne Raupe in so etwas Wunderbuntes verwandeln konnte.
Lukas war ein Schmetterling geworden!

„Na? Was sagst du jetzt?", fragte Lukas. „Ist das nicht toll?"
„Oh ja!", antwortete Wilma. „Das ist das Schönste, das ich je gesehen habe!"

Und dann musste Lukas unbedingt ausprobieren, wie das Fliegen funktionierte. Er flatterte über Wilmas Kopf und über die grüne Wiese und rief: „Bis bald, Wilma! Ich komme bald wieder vorbei. Aber jetzt muss ich erstmal ein bisschen Blumennektar probieren. Ich habe nämlich einen Bärenhunger!"

Wilma winkte Lukas noch lange nach und bestaunte, wie seine Flügel im Sonnenlicht glitzerten. Wie viele große Abenteuer man doch auf einer kleinen Wiese erleben konnte!

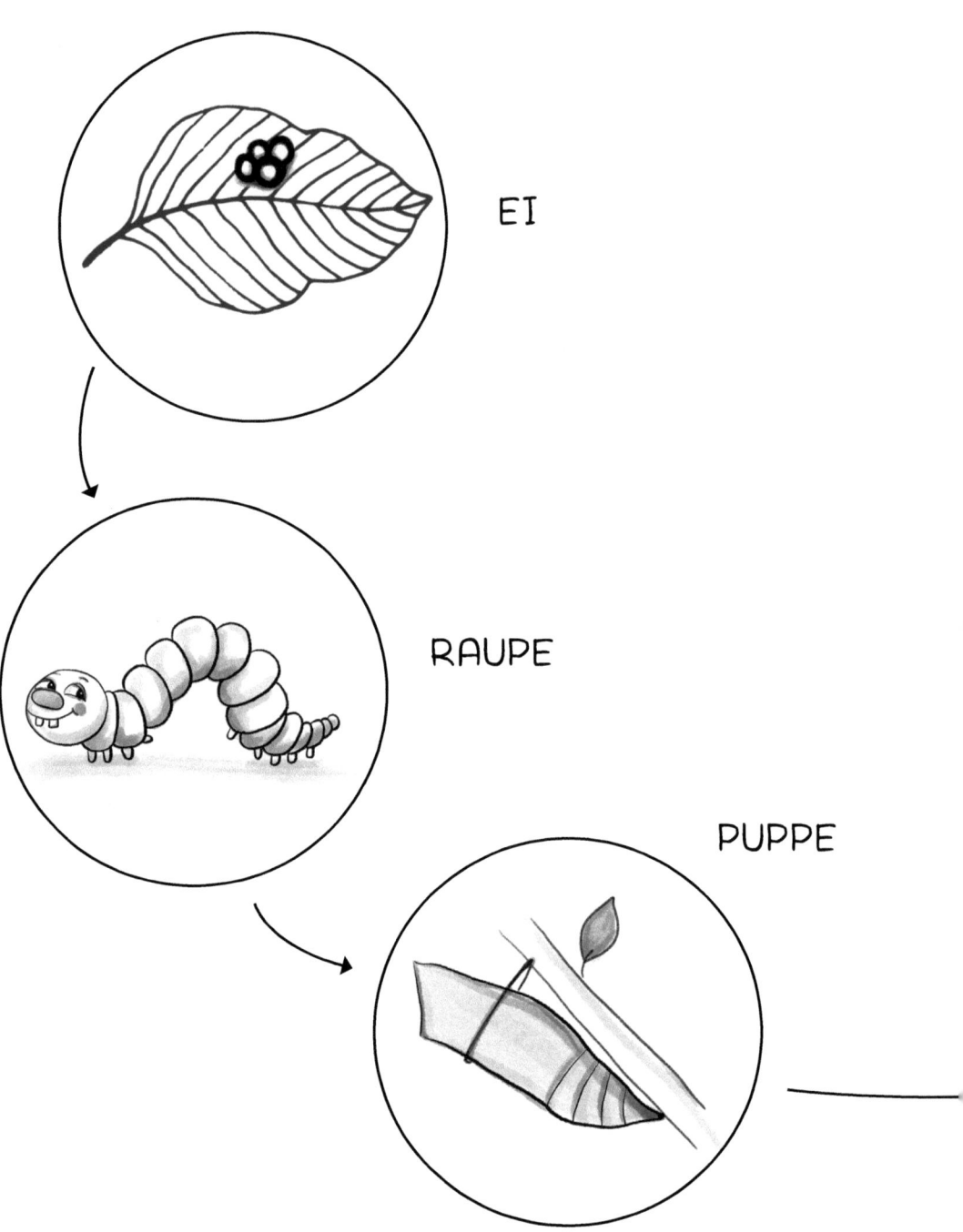

EI

RAUPE

PUPPE

So wird Raupe Lukas zum Schmetterling.
Male alle Bilder aus!

SCHMETTERLING

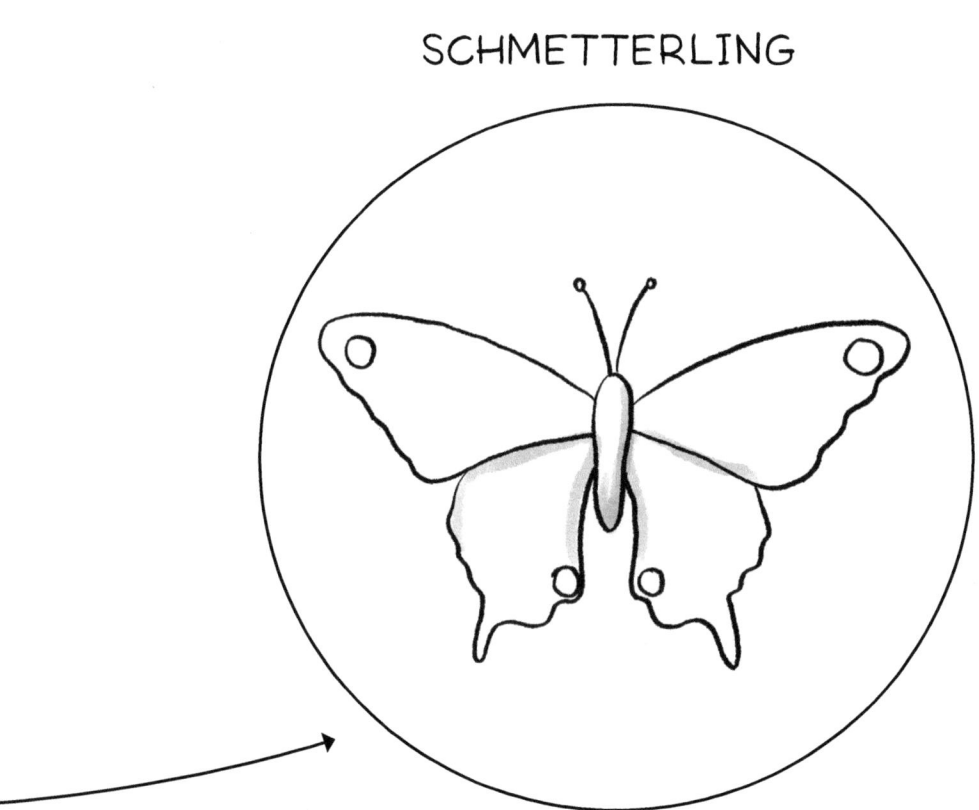

Der Schmetterling Lukas fliegt tolle Bögen in die Luft.
Zeichne sie nach!

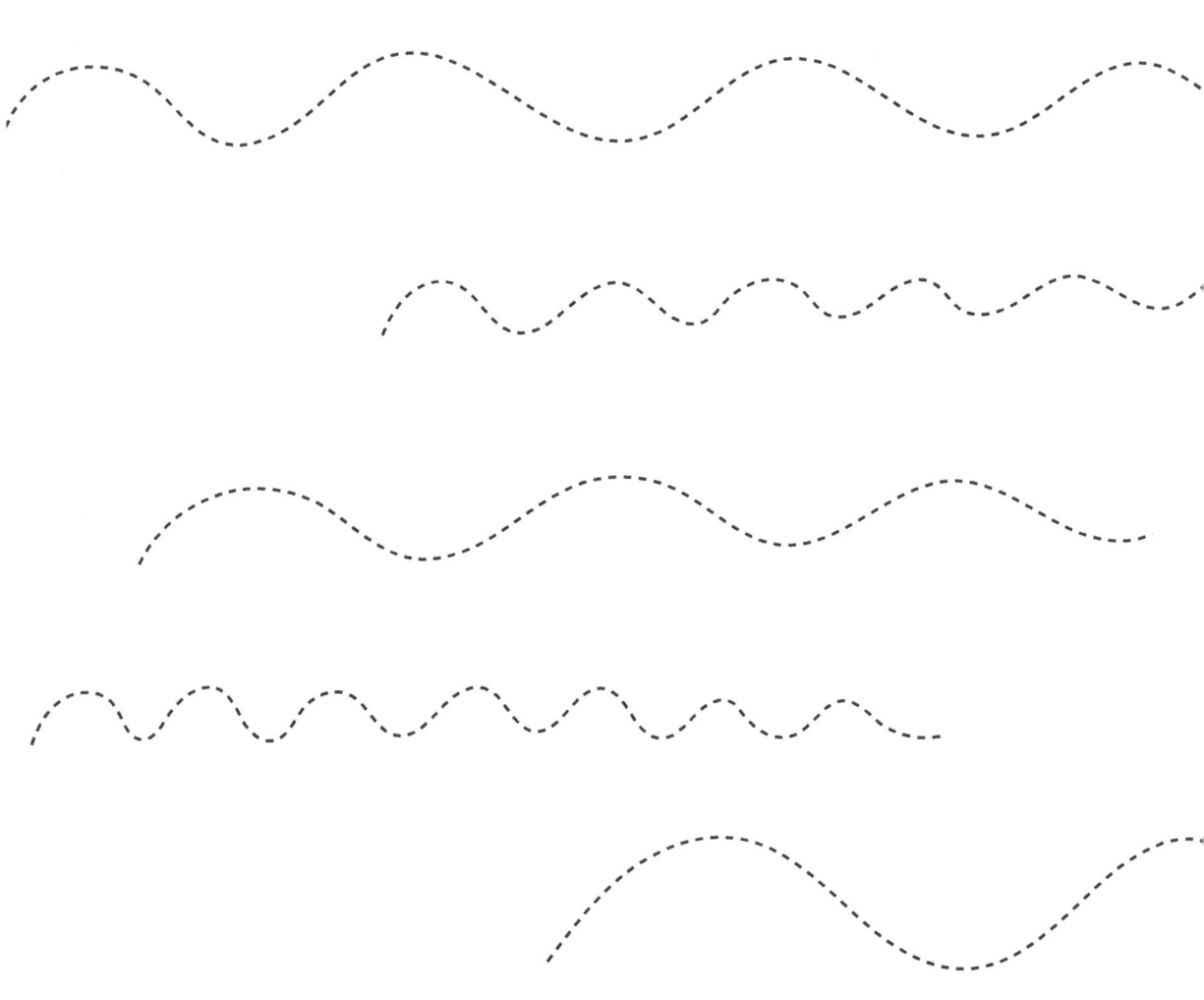

Welcher Weg führt zu den Blumen?

Zähneputzen

Zilly Zahnputzwurm

Zilly ist ein kleines Wurmmädchen, und sie mag ganz schön viel: Spielen und den Wurmkindergarten und mit ihrer Freundin Wilma malen. Es gibt bestimmt tausend Dinge, die Zilly gern hat. Nur das Zähneputzen, das mochte sie nie so besonders. Da muss man seinen Mund weit aufmachen und manchmal schmeckt die Zahnpasta etwas merkwürdig und seine Zähne überhaupt richtig zu treffen, das ist gar nicht so einfach wie es sich anhört.

Am liebsten hätte Zilly das Zähneputzen einfach ausfallen lassen, aber ihre Eltern, die große Zahnputzwürmer sind, erklärten Zilly wie wichtig es ist, seine Zähne regelmäßig und gründlich zu putzen. Denn erstens möchte doch jeder strahlend weiße Zähne haben, besonders ein kleiner Zahnputzwurm. Und zweitens können die Zähne richtig krank werden, wenn man sie nicht putzt. Und das tut dann nicht nur den Zähnen, sondern auch einem selbst sehr weh.

Zilly nahm sich vor, richtig tolle, gesunde, blitzweiße und rundherum glückliche Zähne zu haben. Deswegen erklärten ihre Eltern ihr, dass man sich ganz einfach merken kann, wie man seine Zähne richtig putzt. Nämlich mit KAI.

„Wer ist denn KAI?", fragte Zilly und schaute sehr erstaunt. Denn einen Kai kannte sie noch gar nicht.

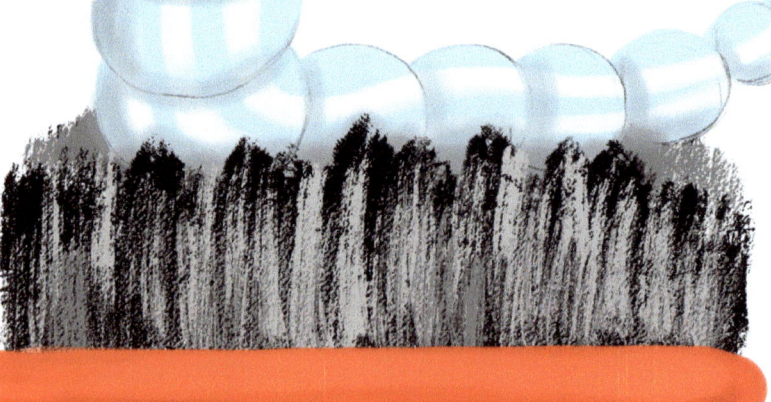

Zillys Mama schmunzelte und ihr Papa sagte: „Mit KAI merkt man sich, in welcher Reihenfolge man seine Zähne ordentlich schrubbelt und schrubbt. Ich zeige es dir!" Und dann standen sie gemeinsam vor dem Spiegel, Zilly hatte sich eine kleine Portion Wurmzahnpasta auf die Zahnbürste gedrückt und ihr Papa erklärte:

1. K = Kauflächen

Zuerst putzt du die Kauflächen. Du bürstest erst oben kräftig hin und her. Und wenn du da fertig bist, machst du unten genau dasselbe.

2. A = Außenflächen

Jetzt schließt du den Mund und stellst die Zähne aufeinander. Nun putzt du nicht mehr hin und her wie bei den Kauflächen, sondern in kleinen, kreisenden Bewegungen. Du fängst beim aaaaalllerletzten Backenzahn rechts an und bürstest dich bis zur anderen, linken Seite durch.

3. I = Innenflächen

Jetzt machst du den Mund wieder auf und putzt die Innenseiten der Zähne. Bei jedem Zahn bürstest du vom Zahnfleisch zum Zahn, von oben nach unten. Am besten fängst du wieder beim letzten Backenzahn oben rechts an.

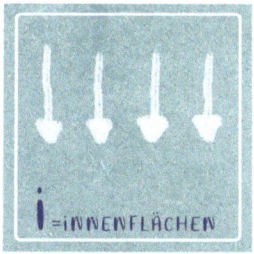

Und unten machst du wieder dasselbe. Nur dass du hier von unten, vom Zahnfleisch, nach oben zum Zahn bürstest.

Wenn du dich immer an

KAI =
Kauflächen, Außenflächen, Innenflächen

hältst, geht das Zähneputzen fast wie von selbst, Zilly! Jetzt schau aber mal wie toll deine Zähne glänzen!", lächelte Zillys Papa ihr zu.

Und tatsächlich!

Zillys Zähne waren weiß und glänzten und fühlten sich ganz sauber an. Das war ein tolles Gefühl. Und seitdem putzt sich Zilly immer mit KAI und sehr gern ihre Zähne. Nicht nur, weil das Zähneputzen was ziemlich Wichtiges ist, sondern auch, weil es sooooooo einfach ist!

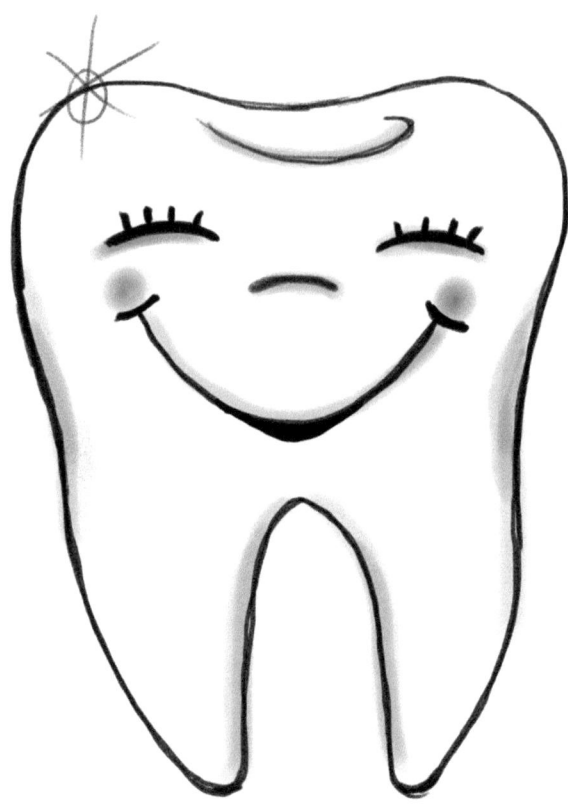

Was braucht man zum Zähneputzen?
Kreise ein!

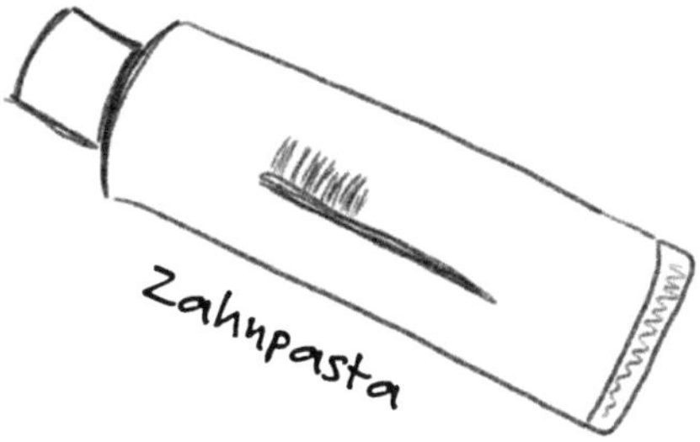

Zahupasta

Pinsel

Sanduhr

Male an der gestrichelten Linie entlang!

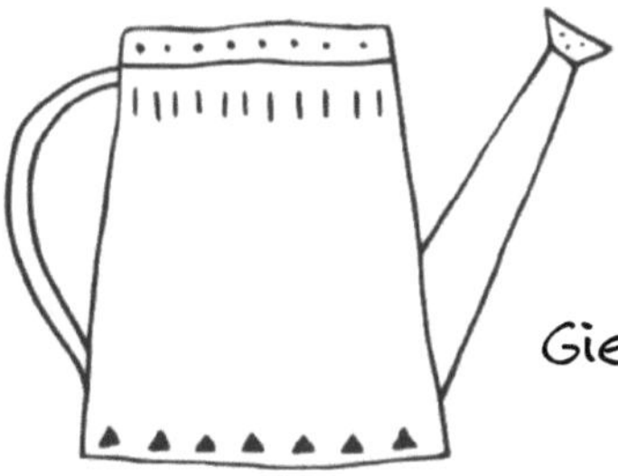

Gießkanne

Zahnputzbecher

Bienen

Die kleine Prinzessin Blaublüte spaziert an einem heißen Maitag über die große Wiese hinter ihrem kleinen Schloss am Ende der Straße.

Seit Tagen hat es nicht mehr geregnet und einige Blumen lassen traurig ihre Köpfchen hängen. Sie bräuchten dringend einen ordentlichen Regenguss, um zu trinken.

Sogar einen kleinen Baum, der seine Blätter wie im Herbst abwirft und mächtig durstig ist, hat die Prinzessin entdeckt.

Und dann ist Prinzessin Blaublüte auf ihren Spaziergängen noch etwas anderes aufgefallen: Es gibt immer weniger Blumen in den Gärten in ihrer Straße und auch die Bienen und Hummeln und Schmetterlinge kommen viel seltener her. Weil sie nichts zu essen finden. Denn Bienen lieben gut duftende Blumen, um Blütenpollen zu sammeln und den süßen Nektar aus ihren Kelchen zu schlürfen.

Als Prinzessin Blaublüte ganz fest darüber nachdenkt, wie sie den Blumen helfen kann – denn sie ist ja nur eine klitzekleine Prinzessin und das Wasser in ihrer Gießkanne würde noch nicht mal für ein kleines Gänseblümchen reichen – hört sie jemanden brummeln. Und es ist ein sehr trauriges Brummeln.

Blaublüte erkennt sofort, wer da so traurig brummelt: Es ist Hilde Hummel! Die ist doch sonst so fröhlich und immer gut gelaunt! Was ist denn nur passiert?

Hilde sitzt schwach im Schatten auf der Wiese und kann sich kaum noch rühren.

„Ach, Blaublüte!", brummelt Hilde leise, „wie gut, dass du vorbeikommst! Kannst du mir bitte helfen?"
„Ja, aber natürlich, Hilde!", antwortet Blaublüte und streichelt über den weichen Hummelpelz. „Was soll ich tun?"
„Ich brauche etwas zu essen! Ich habe keine Blumen gefunden. Bitte mach ganz schnell.", seufzt Hilde schwach.
„Ja, natürlich!", ruft die kleine Prinzessin. „Ich bin gleich wieder da. Halte durch, Hilde!"

Und dann läuft Blaublüte zurück in ihr Schloß, so schnell sie kann. Sie weiß, was zu tun ist, denn Hilde hat ihr das schon mal erklärt, wie man helfen kann, wenn Hummeln oder Bienen ganz schwach sind, weil sie nichts zu essen finden:

Hummeln und Bienen richtig füttern

Blaublüte löst einen halben Teelöffel Zucker in etwas lauwarmen Wasser auf.
Sie rührt so lange bis der Zucker nicht mehr zu sehen ist und sich vollständig mit dem Wasser vermischt hat.
Etwas davon auf einen Löffel oder einen Unterteller geben.
Die Hummel oder die Biene wird das Zuckerwasser dankbar auflecken.

Mit dem Zuckerwasser rennt die Prinzessin zurück zu Hilde, die ihr ein schwaches Lächeln schenkt. Von einem Löffel kann Hilde nun trinken, und die kleine Prinzessin hält dabei eine von Hildes sechs Beinchen und streichelt es sanft. So sitzen beide da im Schatten auf der großen Wiese und warten, dass es Hilde wieder besser geht.

Nach ein paar Minuten brummelt Hilde schon viel lauter und viel fröhlicher. Und bald ist sie wieder die friedliche und gut gelaunte Hummel, die ihre Flügel erstmal kräftig ausschüttelt. Das brummt sehr laut.

Fast wie ein kleiner Hubschrauber. Blaublüte ist sehr beruhigt.

„Danke sehr!", sagt Hilde und umarmt Blaublüte.
„Weißt du, seit die Menschen so viel Gift gegen Unkraut und Schädlinge versprühen und keine Blumen mehr pflanzen, die uns Hummeln und Bienen schmecken, ist es sehr schwierig für uns, noch Nahrung zu finden."

„Ja, das stimmt.", antwortet die Prinzessin, „Das mit den Blumen ist mir auch schon aufgefallen!"

„Dabei sind wir doch so wichtig!", seufzt Hilde. „Wir bestäuben nämlich die Pflanzen. An uns bleibt der Blütenstaub kleben, wenn wir Nektar und Pollen in den Blumen suchen, und den Blütenstaub nehmen wir so mit und bestäuben andere Blüten, auf denen wir danach landen. Nur so können zum Beispiel Äpfel aus Apfelblüten werden. Oder Himbeeren aus Himbeerblüten. Und denk nur mal, wie lecker der Bienenhonig schmeckt! Wenn es keine Bienen und Hummeln und Schmetterlinge gäbe, dann würde es auch keine Früchte geben, die ihr so gerne esst und zum Leben braucht. Hier in der Gegend habe ich leider keine Blumen gefunden, die uns gut schmecken. Das ist schade, denn ich komme doch gern zu dir zu Besuch, Blaublütchen!"

Hilde will eigentlich los fliegen, um Pollen und Nektar zu suchen, aber Prinzessin Blaublüte hat eine Idee: „Komm mit, Hilde, ich zeige dir eine tolle Wiese, die ich neulich gesehen habe. Da ist bestimmt etwas für dich dabei!"

Und so fliegt Hilde laut und fröhlich brummelnd hinter Prinzessin Blaublüte her und ist schon sehr gespannt, was sie wohl wieder entdeckt hat. Denn die Prinzessin entdeckt viele spannende Sachen. Das weiß sogar Hilde.

Und plötzlich stehen sie auf einer riesig großen Wiese, die ganz lila leuchtet: Hier wächst Lavendel, der wunderbar duftet – und der viel, viel guten Nektar und Pollen für die Insekten bereit hält. Hilde ist begeistert. Sie trifft sogar Bella Biene, die schon zum Essen an einem großen Lavendel Platz genommen hat.

„Oh, Blaublütchen!", freut sich Hilde sehr, „du bist wirklich eine ganz besondere Hummelretterin! Hier bleibe ich ein Weilchen. Und bald komme ich dich wieder besuchen. Versprochen!"

Damit brummelt Hilde zu Bella Biene und winkt Prinzessin Blaublüte zum Abschied glücklich zu.

„Ja," denkt die Prinzessin „Bienen und Hummeln sind wirklich wichtig. Nicht nur für uns, weil wir so gern Honig essen, sondern für die ganze Natur. Wir sollten ein bisschen auf sie aufpassen!"

Und dann spaziert Prinzessin Blaublüte mit Lavendelduft in der Nase zurück in ihr kleines Schloss und ist ein bisschen stolz darauf, eine Hummelretterin zu sein.

Findest du alle Bienen?
Sie haben sich gut zwischen den Blumen versteckt. Zähle sie!

(Es sind 10 Stück)

Verwandlung

Heute ist Sonntag. Sonntags spaziert Wilma Wochenwurm immer ein bisschen auf der Wiese hinter ihrem Haus, und wenn die Sonne scheint, geht sie sogar noch ein kleines Stück weiter. Und heute scheint die Sonne, denn es ist Mai.

Im Mai kann die Sonne schon richtig warm scheinen, fast wie im Sommer. Das gefällt Wilma so gut, und das Spazierengehen macht ihr solch einen Spaß, dass sie ganz die Zeit vergisst, immer weiter durch das grüne Gras wurmt, und plötzlich vor einem kleinen Teich steht.

„Oh, so schöne Seerosen habe ich aber noch nie gesehen!", denkt Wilma und legt sich ans Ufer, direkt unter große Schilfpflanzen, die im Wind sanft hin und her wiegen. So liegt die kleine Wilma eine Weile am Ufer des Teichs, schaut sich die weißen Seerosen an und wie sich das Wasser hier und da ein wenig kräuselt.

Aber, Halt!, war da nicht etwas im Wasser? Hat sich dort nicht etwas bewegt? Ein kleiner Fisch vielleicht?

Wilma schaut genauer hin. Ja! Da schwimmen ganz viele kleine schwarze Dinger im Teich. Was das wohl ist?

„Hallo!", ruft Wilma in den Teich und sofort streckt ein kleines, schwarzes Ding seinen Kopf aus dem Wasser.

„Hallo!", ruft es zurück.
„Wer bist du denn?", fragt Wilma erstaunt, denn so ein Tier hat sie noch nie gesehen.
„Ich bin Tim und ich bin eine Kaulquappe!", antwortet Tim.
„Hallo Tim! Ich bin Wilma Wochenwurm. Schön, dich kennenzulernen! Aber was ist denn eine Kaulquappe?", sagt sie.
„Oh, ich bleibe nicht immer eine Kaulquappe!", antwortet Tim. „Ich verwandle mich bald in einen Frosch. Das ist ziemlich aufregend. Findest du nicht?"

Und Wilma findet das sehr aufregend!

Tim erklärt ihr, dass Kaulquappen zuerst aus Eiern schlüpfen, die Mama Frosch gelegt hat. Ganz viele Eier, die man auch Laich nennt, treiben da im Frühling im Wasser. Und wenn die Kaulquappen startklar sind, schlüpfen sie. Dann schwimmen sie erstmal wie kleine Fische im Teich herum, sie haben dann sogar Kiemen, und müssen zum Luft holen gar nicht an die Wasseroberfläche. Nach einer Weile wachsen den Kaulquappen Hinter- und Vorderbeine.

Und dann verschwinden auch die Kiemen und die Kaulquappen atmen nun mit Lungen, die ebenso gewachsen sind. Sie müssen auftauchen, um zu atmen.
Nach einer Weile sehen die Kaulquappen wie richtige Frösche aus, sie haben Vorder- und Hinterbeine, mit denen sie prima hüpfen können – und auch der lange Schwanz bildet sich dann zurück und ist nach ein paar Wochen ganz verschwunden.

Die Kaulquappe hat sich dann in einen Frosch verwandelt.

Wilma staunt. Das kannte sie bisher nur von Raupen, die sich in Schmetterlinge verwandeln. Dass es das auch bei Fröschen gibt, wusste sie noch nicht.

„Mach's gut!", ruft Tim ihr zu bevor er wieder untertaucht. „Wir sehen uns bald wieder, aber dann bin ich ein Frosch geworden!"
„Ja, bis bald!", antwortet Wilma und nimmt sich vor, in ein paar Tagen wieder nach Tim zu schauen.

Dann macht sie sich auf den Rückweg und denkt, dass es ganz schön viel Zauberei in der Natur und bei den Pflanzen und Tieren gibt.

Und weißt du, wie Wilma Wochenwurm das findet? Ganz spannend und vor allem wunderschön!

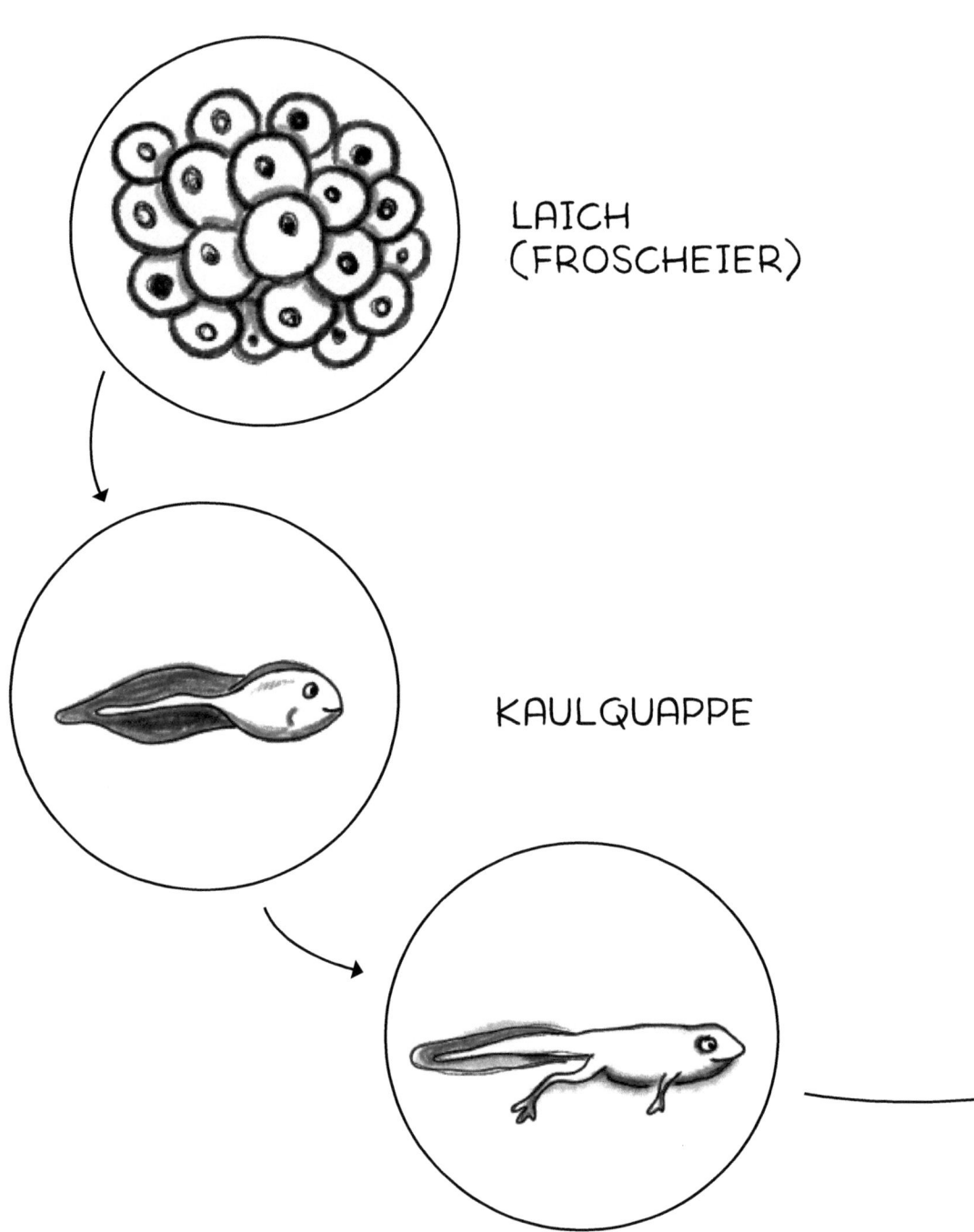

LAICH
(FROSCHEIER)

KAULQUAPPE

So wird Kaulquappe Tim zum Frosch.
Male alle Bilder aus!

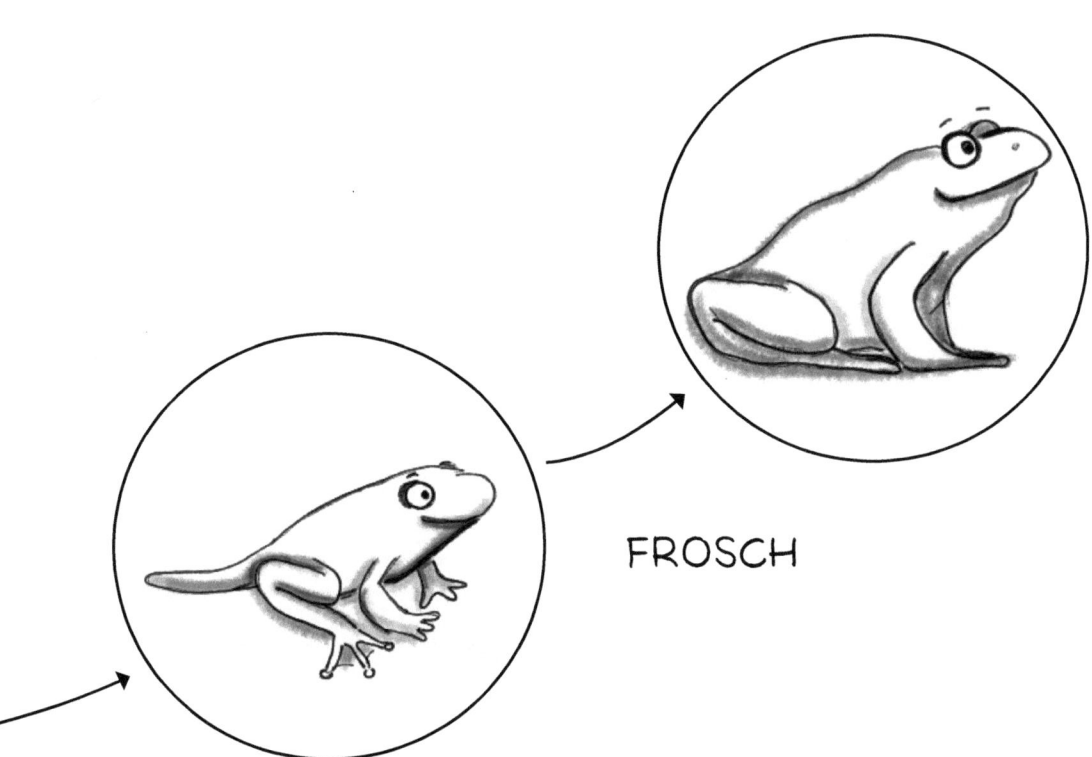

FROSCH

Tim, der Frosch hüpft herum.
Zeichne an der gestrichelten Linie entlang!

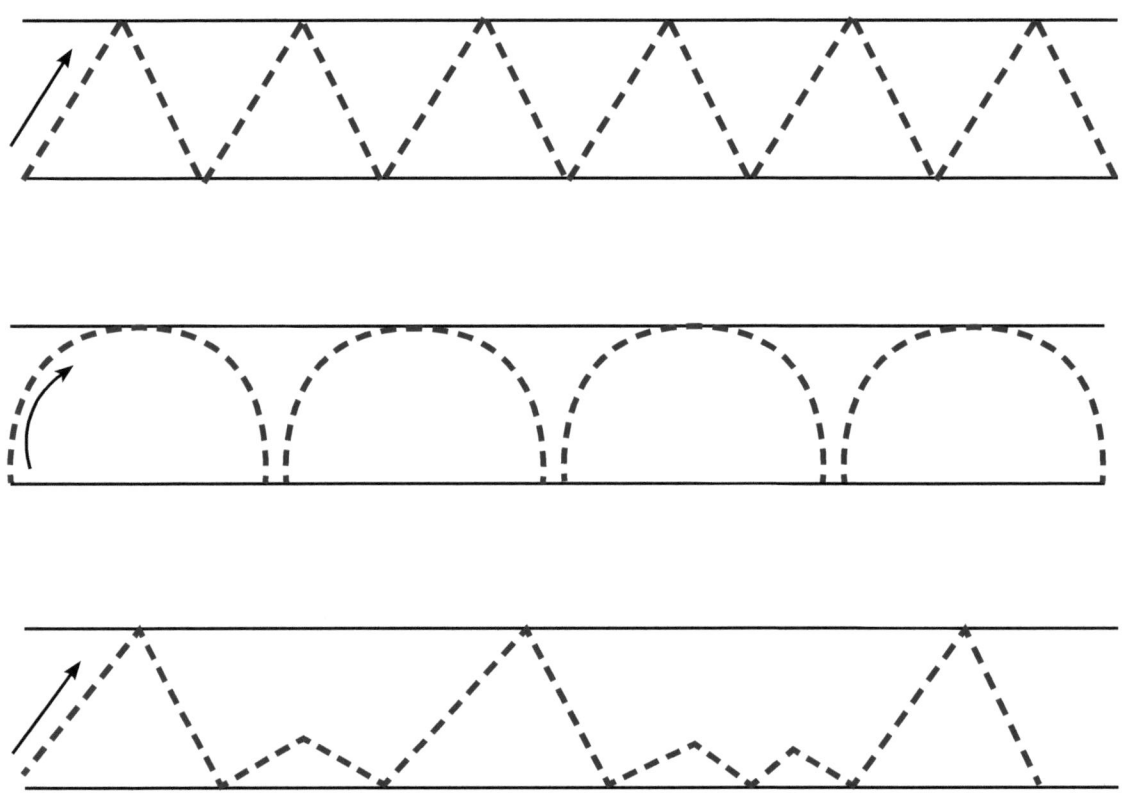

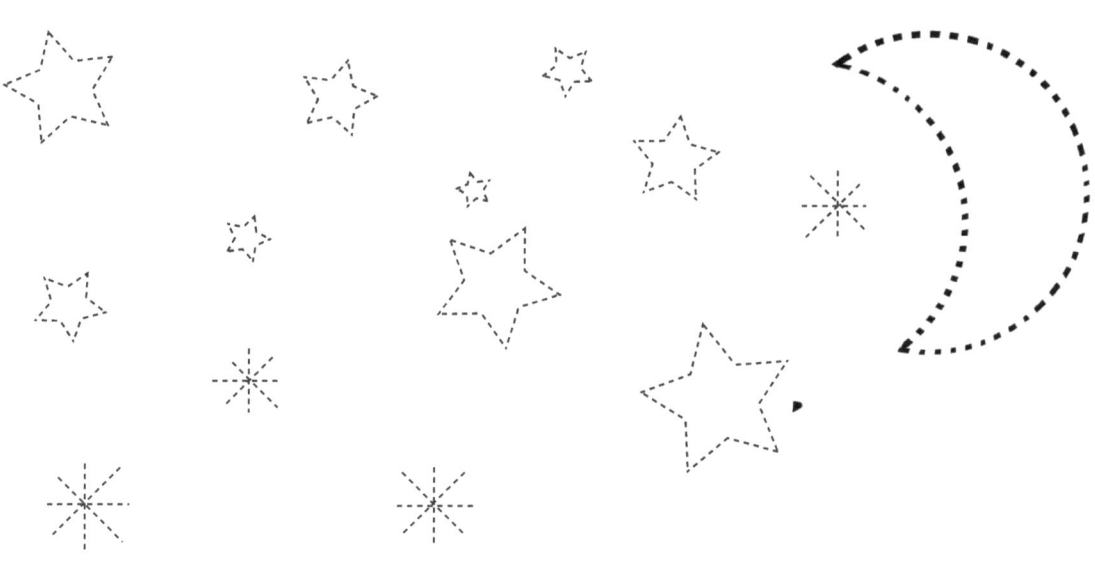

Vom vielen Hüpfen ist Tim ganz müde geworden.
Er schaut sich die Sterne an und danach träumt er
einen wunderschönen, froschigen Traum
Zeichne an der gestrichelten Linie entlang und male
einen Nachthimmel mit vielen Sternen.

Zeitgefühl

Gestern, heute, morgen

Heute ist Mittwoch.
Das weiß die kleine Wilma, denn sie ist ja ein schlauer Wochenwurm. Welche Tage die Woche hat, das hat sie neulich gelernt und es sich gut merken können.

Aber die Sache mit „gestern" und „morgen" und sogar mit „vorgestern" und „übermorgen" ist wirklich schwierig, findet Wilma. Das konnte sie sich einfach nicht merken. Aber dann hatte sie eine gute Idee, denn Wochenwürmern fällt immer etwas ein:

„Heute ist Mittwoch", überlegte Wilma. „Wenn ich einmal schlafe, dann ist Donnerstag. Und das ist morgen."

„Als ich gestern Abend im Bett lag, war noch Dienstag. Also war das gestern. Eigentlich ist das gar nicht so schwierig", dachte Wilma. Denn sie stellte sich vor, dass die Wochentage große Kreise wären, auf denen man hin und her hüpfen konnte.

Von HEUTE einen Sprung nach vorn, schon ist MORGEN.

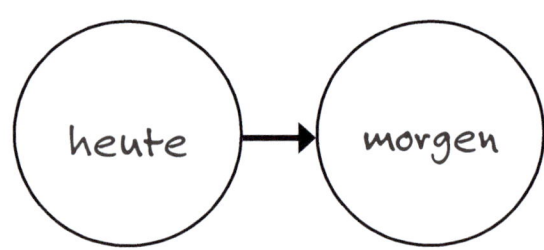

Von HEUTE einen Sprung zurück, das war GESTERN.

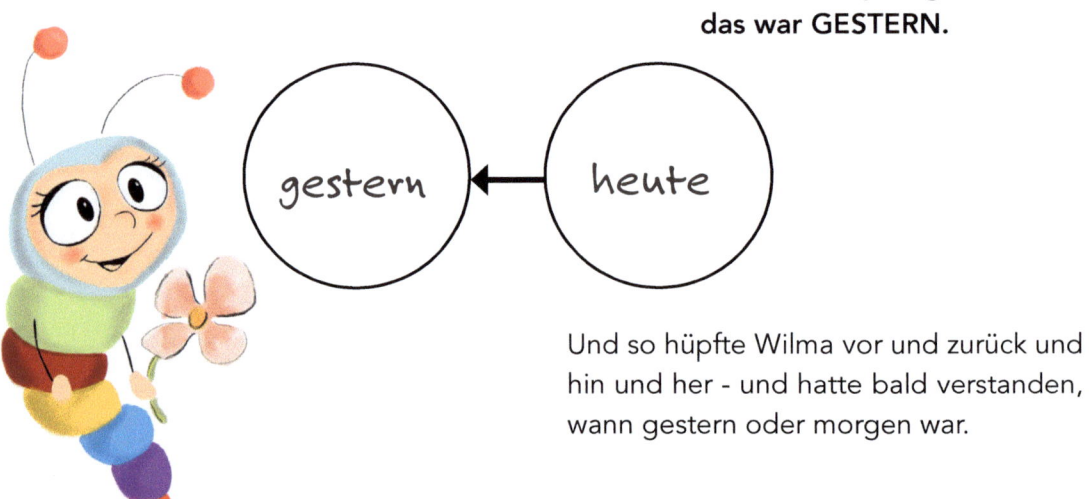

Und so hüpfte Wilma vor und zurück und hin und her - und hatte bald verstanden, wann gestern oder morgen war.

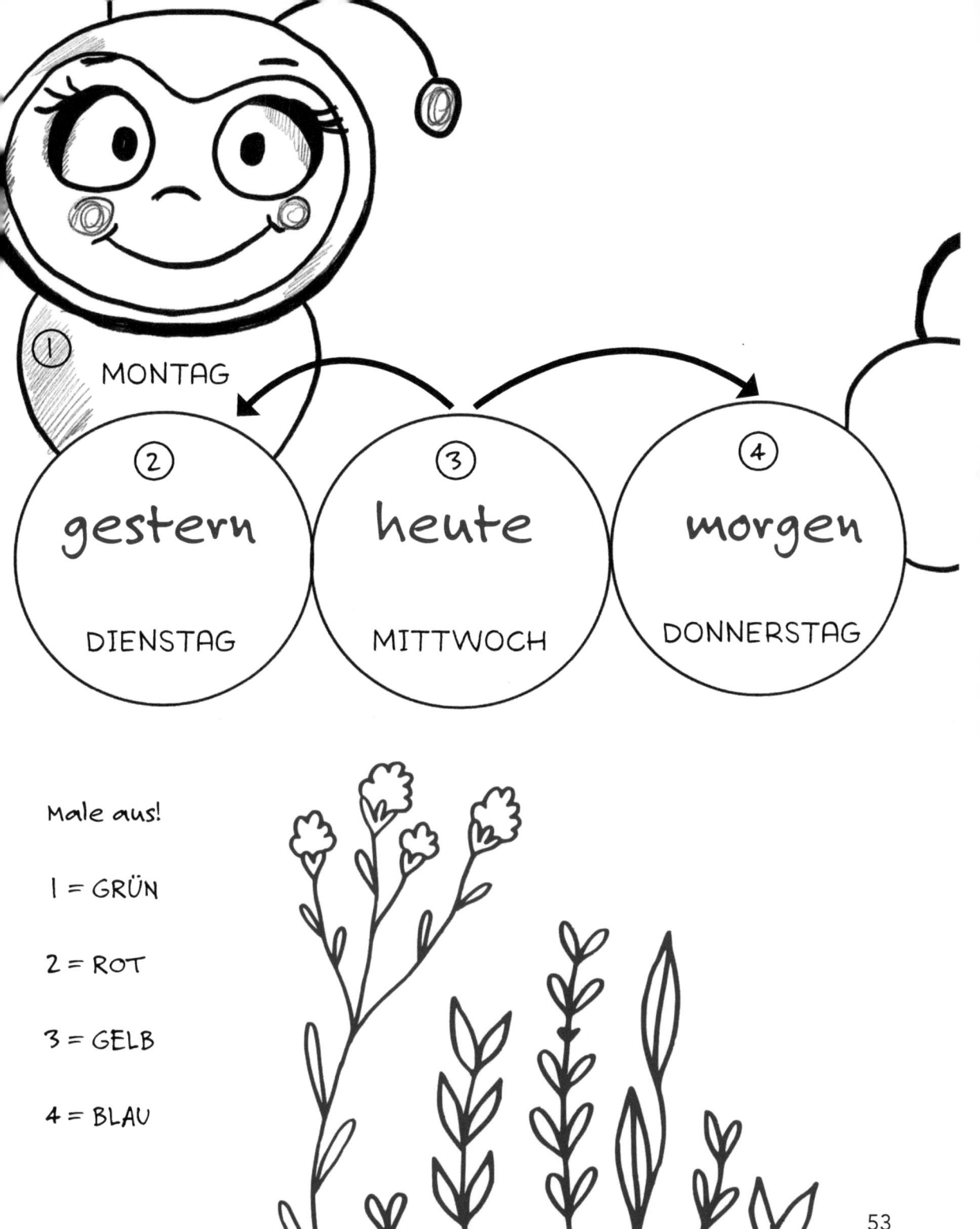

① MONTAG

② gestern
DIENSTAG

③ heute
MITTWOCH

④ morgen
DONNERSTAG

Male aus!

1 = GRÜN

2 = ROT

3 = GELB

4 = BLAU

53

Übe mit Wilma gestern - heute - morgen!

Male die Wochentage in deinen Lieblingsfarben aus!

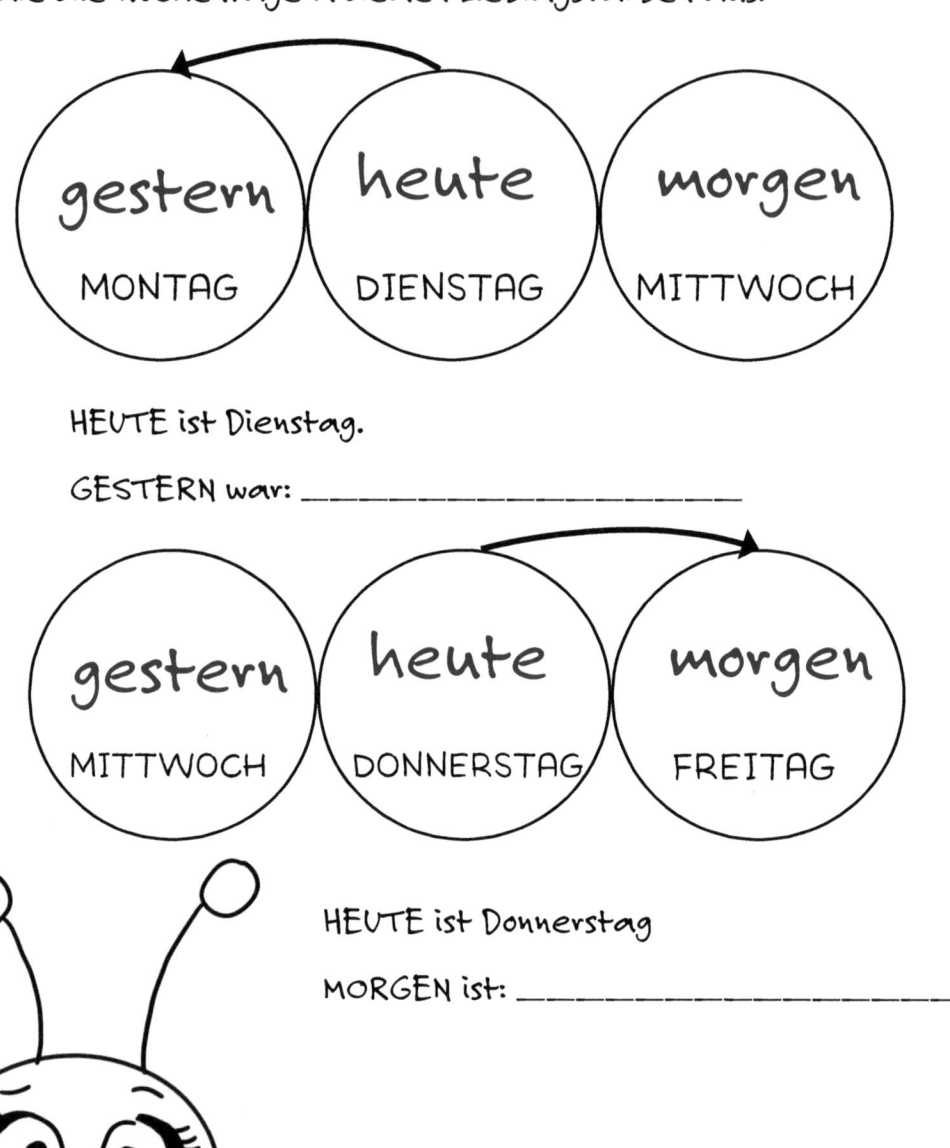

gestern
MONTAG

heute
DIENSTAG

morgen
MITTWOCH

HEUTE ist Dienstag.

GESTERN war: _____

gestern
MITTWOCH

heute
DONNERSTAG

morgen
FREITAG

HEUTE ist Donnerstag

MORGEN ist: _____

Montag

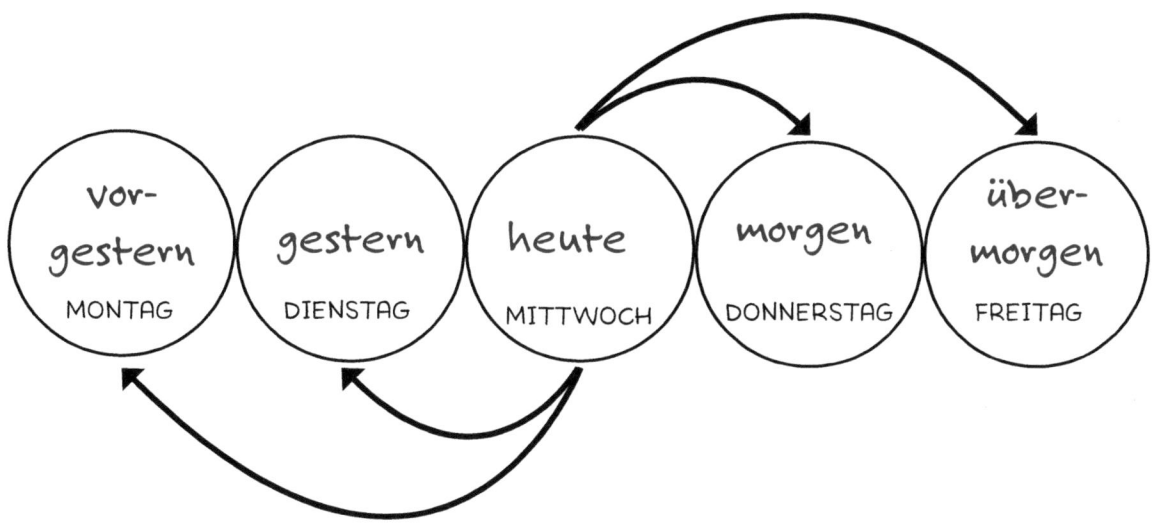

heute - morgen - übermorgen und heute - gestern - vorgestern ist gar
nicht so einfach.
Probiere es trotzdem mal aus.

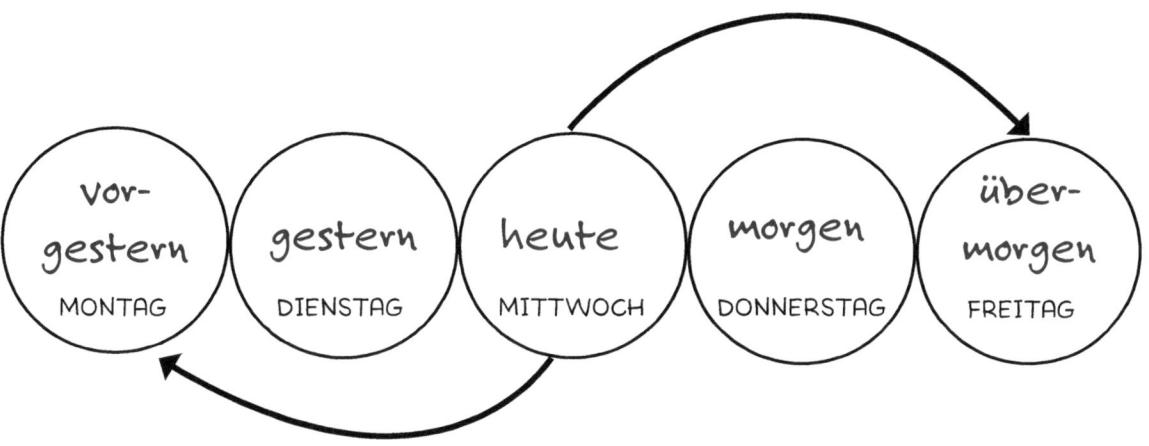

HEUTE ist Mittwoch.

ÜBERMORGEN ist: _____

VORGESTERN war: _____

www.halloliebewolke.com

Weitere Kinderbücher vom Mamablog „Hallo liebe Wolke"/Susanne Bohne:

Lerngeschichten mit Wilma Wochenwurm
Für Kinder ab 4 Jahren
Lerngeschichten

ISBN: 978-3752806458

Lerngeschichten mit Wilma Wochenwurm - Teil 2
Für Kinder ab 4 Jahren
Lerngeschichten

ISBN: 978-3752896909

Schwungübungen mit Sina Schwungwurm
Für Kinder ab 5 Jahren
Übungen zur Feinmotorik und zum Schreibenlernen

ISBN: 978-3752885194

Opa wohnt jetzt woanders:
Eine Geschichte für Kinder über den Tod und die Trauer

ISBN: 978-3752886887